Ich heiße:

....

Ich bin .... Jahre alt.

Mein Geburtstag ist am:

....

Hier bin ich zu Hause:

....

....

Meine Telefonnummer: ....

Ich gehe in die Gruppe: ....

Wir spielen am liebsten:

....

....

Meine Lieblingstiere:

....

....

Bitte klebe
hier ein Foto von
dir ein

Das hab ich für dich gemalt:

Das wünsche ich dir:

....

....

....

Ich heiße:

....

Ich bin .... Jahre alt.

Mein Geburtstag ist am:

....

Hier bin ich zu Hause:

....

....

Meine Telefonnummer: ....

Ich gehe in die Gruppe: ....

Wir spielen am liebsten:

....

....

Meine Lieblingstiere:

....

....

Bitte klebe hier ein Foto von dir ein

Das hab ich für dich gemalt:

Das wünsche ich dir:

....

....

....

Ich heiße:

....

Ich bin .... Jahre alt.

Mein Geburtstag ist am:

....

Hier bin ich zu Hause:

....

....

Meine Telefonnummer: ....

Ich gehe in die Gruppe: ....

Wir spielen am liebsten:

....

....

Meine Lieblingstiere:

....

....

Bitte klebe hier ein Foto von dir ein

Das hab ich für dich gemalt:

Das wünsche ich dir:

....

....

....

Ich heiße:

....

Ich bin .... Jahre alt.

Mein Geburtstag ist am:

....

Hier bin ich zu Hause:

....

....

Meine Telefonnummer: ....

Ich gehe in die Gruppe: ....

Wir spielen am liebsten:

....

....

....

Meine Lieblingstiere:

....

....

Bitte klebe
hier ein Foto von
dir ein

Das hab ich für dich gemalt:

Das wünsche ich dir:

....

....

....

Ich heiße:

....

Ich bin .... Jahre alt.

Mein Geburtstag ist am:

....

Hier bin ich zu Hause:

....

....

Meine Telefonnummer: ....

Ich gehe in die Gruppe: ....

Wir spielen am liebsten:

....

....

....

Meine Lieblingstiere:

....

....

Bitte klebe hier ein Foto von dir ein

Das hab ich für dich gemalt:

Das wünsche ich dir:

....

....

....

Ich heiße:

....

Ich bin .... Jahre alt.

Mein Geburtstag ist am:

....

Hier bin ich zu Hause:

....

....

Meine Telefonnummer: ....

Ich gehe in die Gruppe: ....

Wir spielen am liebsten:

....

....

....

Meine Lieblingstiere:

....

....

Bitte klebe
hier ein Foto von
dir ein

Das hab ich für dich gemalt:

Das wünsche ich dir:

....

....

....

Ich heiße:

....

Ich bin .... Jahre alt.

Mein Geburtstag ist am:

....

Hier bin ich zu Hause:

....

....

Bitte klebe
hier ein Foto von
dir ein

Meine Telefonnummer: ....

Ich gehe in die Gruppe: ....

Wir spielen am liebsten:

....

....

....

Meine Lieblingstiere:

....

....

Das hab ich für dich gemalt:

Das wünsche ich dir:

....

....

....

Ich heiße:

....

Ich bin .... Jahre alt.

Mein Geburtstag ist am:

....

Hier bin ich zu Hause:

....

....

Meine Telefonnummer: ....

Ich gehe in die Gruppe: ....

Wir spielen am liebsten:

....

....

....

Meine Lieblingstiere:

....

....

Bitte klebe hier ein Foto von dir ein

Das hab ich für dich gemalt:

Das wünsche ich dir:

....

....

....

Ich heiße:

....

Ich bin .... Jahre alt.

Mein Geburtstag ist am:

....

Hier bin ich zu Hause:

....

....

Meine Telefonnummer: ....

Ich gehe in die Gruppe: ....

Wir spielen am liebsten:

....

....

Meine Lieblingstiere:

....

....

Bitte klebe hier ein Foto von dir ein

Das hab ich für dich gemalt:

Das wünsche ich dir:

....

....

....

Ich heiße:

....

Ich bin .... Jahre alt.

Mein Geburtstag ist am:

....

Hier bin ich zu Hause:

....

....

Meine Telefonnummer: ....

Ich gehe in die Gruppe: ....

Wir spielen am liebsten:

....

....

Meine Lieblingstiere:

....

....

Bitte klebe hier ein Foto von dir ein

Das hab ich für dich gemalt:

Das wünsche ich dir:

....

....

....

Ich heiße:

....

Ich bin .... Jahre alt.

Mein Geburtstag ist am:

....

Hier bin ich zu Hause:

....

....

Bitte klebe hier ein Foto von dir ein

Meine Telefonnummer: ....

Ich gehe in die Gruppe: ....

Wir spielen am liebsten:

....

....

Meine Lieblingstiere:

....

....

Das hab ich für dich gemalt:

Das wünsche ich dir:

....

....

....

Ich heiße:

....

Ich bin .... Jahre alt.

Mein Geburtstag ist am:

....

Hier bin ich zu Hause:

....

....

Meine Telefonnummer: ....

Ich gehe in die Gruppe: ....

Wir spielen am liebsten:

....

....

....

Meine Lieblingstiere:

....

....

Bitte klebe hier ein Foto von dir ein

Das hab ich für dich gemalt:

Das wünsche ich dir:

....

....

....

Ich heiße:

....

Ich bin .... Jahre alt.

Mein Geburtstag ist am:

....

Hier bin ich zu Hause:

....

....

Bitte klebe hier ein Foto von dir ein

Meine Telefonnummer: ....

Ich gehe in die Gruppe: ....

Wir spielen am liebsten:

....

....

....

Meine Lieblingstiere:

....

....

Das hab ich für dich gemalt:

Das wünsche ich dir:

....

....

....

Ich heiße:

....

Ich bin .... Jahre alt.

Mein Geburtstag ist am:

....

Hier bin ich zu Hause:

....

....

Meine Telefonnummer: ....

Ich gehe in die Gruppe: ....

Wir spielen am liebsten:

....

....

Meine Lieblingstiere:

....

....

Bitte klebe
hier ein Foto von
dir ein

Das hab ich für dich gemalt:

Das wünsche ich dir:

....

....

....

Ich heiße:

....

Ich bin .... Jahre alt.

Mein Geburtstag ist am:

....

Hier bin ich zu Hause:

....

....

Meine Telefonnummer: ....

Ich gehe in die Gruppe: ....

Wir spielen am liebsten:

....

....

....

Meine Lieblingstiere:

....

....

Bitte klebe hier ein Foto von dir ein

Das hab ich für dich gemalt:

Das wünsche ich dir:

....

....

....

Ich heiße:

....

Ich bin .... Jahre alt.

Mein Geburtstag ist am:

....

Hier bin ich zu Hause:

....

....

Bitte klebe hier ein Foto von dir ein

Meine Telefonnummer: ....

Ich gehe in die Gruppe: ....

Wir spielen am liebsten:

....

....

....

Meine Lieblingstiere:

....

Das hab ich für dich gemalt:

Das wünsche ich dir:

....

....

....

Ich heiße:

....

Ich bin .... Jahre alt.

Mein Geburtstag ist am:

....

Hier bin ich zu Hause:

....

....

Meine Telefonnummer: ....

Ich gehe in die Gruppe: ....

Wir spielen am liebsten:

....

....

....

Meine Lieblingstiere:

....

....

Bitte klebe hier ein Foto von dir ein

Das hab ich für dich gemalt:

Das wünsche ich dir:

....

....

....

Ich heiße:

....

Ich bin .... Jahre alt.

Mein Geburtstag ist am:

....

Hier bin ich zu Hause:

....

....

Meine Telefonnummer: ....

Ich gehe in die Gruppe: ....

Wir spielen am liebsten:

....

....

....

Meine Lieblingstiere:

....

....

Bitte klebe hier ein Foto von dir ein

Das hab ich für dich gemalt:

Das wünsche ich dir:

....

....

....

Ich heiße:

....

Ich bin .... Jahre alt.

Mein Geburtstag ist am:

....

Hier bin ich zu Hause:

....

....

Bitte klebe hier ein Foto von dir ein

Meine Telefonnummer: ....

Ich gehe in die Gruppe: ....

Wir spielen am liebsten:

....

....

Meine Lieblingstiere:

....

....

Das hab ich für dich gemalt:

Das wünsche ich dir:

....

....

....

Ich heiße:

....

Ich bin .... Jahre alt.

Mein Geburtstag ist am:

....

Hier bin ich zu Hause:

....

....

Meine Telefonnummer: ....

Ich gehe in die Gruppe: ....

Wir spielen am liebsten:

....

....

....

Meine Lieblingstiere:

....

....

Bitte klebe hier ein Foto von dir ein

Das hab ich für dich gemalt:

Das wünsche ich dir:

....

....

....

Ich heiße:

....

Ich bin .... Jahre alt.

Mein Geburtstag ist am:

....

Hier bin ich zu Hause:

....

....

Bitte klebe hier ein Foto von dir ein

Meine Telefonnummer: ....

Ich gehe in die Gruppe: ....

Wir spielen am liebsten:

....

....

Meine Lieblingstiere:

....

....

Das hab ich für dich gemalt:

Das wünsche ich dir:

....

....

....

Ich heiße:

....

Ich bin .... Jahre alt.

Mein Geburtstag ist am:

....

Hier bin ich zu Hause:

....

....

Bitte klebe hier ein Foto von dir ein

Meine Telefonnummer: ....

Ich gehe in die Gruppe: ....

Wir spielen am liebsten:

....

....

....

Meine Lieblingstiere:

....

....

Das hab ich für dich gemalt:

Das wünsche ich dir:

....

....

....

Ich heiße:

....

Ich bin .... Jahre alt.

Mein Geburtstag ist am:

....

Hier bin ich zu Hause:

....

....

Meine Telefonnummer: ....

Ich gehe in die Gruppe: ....

Wir spielen am liebsten:

....

....

....

Meine Lieblingstiere:

....

....

Bitte klebe hier ein Foto von dir ein

Das hab ich für dich gemalt:

Das wünsche ich dir:

....

....

....

Ich heiße:

....

Ich bin .... Jahre alt.

Mein Geburtstag ist am:

....

Hier bin ich zu Hause:

....

....

Meine Telefonnummer: ....

Ich gehe in die Gruppe: ....

Wir spielen am liebsten:

....

....

Meine Lieblingstiere:

....

....

Bitte klebe
hier ein Foto von
dir ein

Das hab ich für dich gemalt:

Das wünsche ich dir:

....

....

....

Ich heiße:

....

Ich bin .... Jahre alt.

Mein Geburtstag ist am:

....

Hier bin ich zu Hause:

....

....

Meine Telefonnummer: ....

Ich gehe in die Gruppe: ....

Wir spielen am liebsten:

....

....

Meine Lieblingstiere:

....

....

Bitte klebe hier ein Foto von dir ein

Das hab ich für dich gemalt:

Das wünsche ich dir:

....

....

....

Ich heiße:

....

Ich bin .... Jahre alt.

Mein Geburtstag ist am:

....

Hier bin ich zu Hause:

....

....

Meine Telefonnummer: ....

Ich gehe in die Gruppe: ....

Wir spielen am liebsten:

....

....

Meine Lieblingstiere:

....

....

Bitte klebe hier ein Foto von dir ein

Das hab ich für dich gemalt:

Das wünsche ich dir:

....

....

....

Ich heiße:

....

Ich bin .... Jahre alt.

Mein Geburtstag ist am:

....

Hier bin ich zu Hause:

....

....

Meine Telefonnummer: ....

Ich gehe in die Gruppe: ....

Wir spielen am liebsten:

....

....

Meine Lieblingstiere:

....

....

Bitte klebe hier ein Foto von dir ein

Das hab ich für dich gemalt:

Das wünsche ich dir:

....

....

....

Ich heiße:

....

Ich bin .... Jahre alt.

Mein Geburtstag ist am:

....

Hier bin ich zu Hause:

....

....

Meine Telefonnummer: ....

Ich gehe in die Gruppe: ....

Wir spielen am liebsten:

....

....

....

Meine Lieblingstiere:

....

....

Bitte klebe
hier ein Foto von
dir ein

Das hab ich für dich gemalt:

Das wünsche ich dir:

....

....

....

Ich heiße:

....

Ich bin .... Jahre alt.

Mein Geburtstag ist am:

....

Hier bin ich zu Hause:

....

....

Bitte klebe hier ein Foto von dir ein

Meine Telefonnummer: ....

Ich gehe in die Gruppe: ....

Wir spielen am liebsten:

....

....

....

Meine Lieblingstiere:

....

....

Das hab ich für dich gemalt:

Das wünsche ich dir:

....

....

....

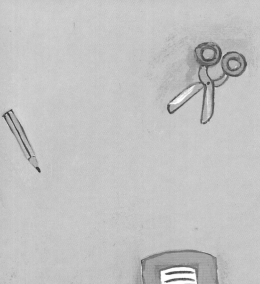